中国国体制度小史

吕思勉／著

知识产权出版社
全国百佳图书出版单位

图书在版编目（CIP）数据

中国国体制度小史/吕思勉著. —北京：知识产权出版社，2018.1
ISBN 978-7-5130-5225-2

Ⅰ.①中… Ⅱ.①吕… Ⅲ.①政治制度史—中国 Ⅳ.①D69

中国版本图书馆 CIP 数据核字（2017）第 259698 号

责任编辑：徐　浩　　责任校对：王　岩
封面设计：张　冀　　责任出版：刘译文

中国国体制度小史
吕思勉　著

出版发行：知识产权出版社有限责任公司	网　　址：http：//www.ipph.cn
社　　址：北京市海淀区气象路 50 号院	邮　　编：100081
责编电话：010-82000860 转 8343	责编邮箱：xuhao@cnipr.com
发行电话：010-82000860 转 8101/8102	发行传真：010-82000893/82005070/82000270
印　　刷：三河市国英印务有限公司	经　　销：各大网上书店、新华书店及相关专业书店
开　　本：880mm×1230mm　1/32	印　　张：2.625
版　　次：2018 年 1 月第 1 版	印　　次：2018 年 1 月第 1 次印刷
字　　数：24 千字	定　　价：18.00 元

ISBN 978-7-5130-5225-2

再版前言

民国时期是我国近现代历史上非常独特的一段历史时期，这段时期的一个重要特点是：一方面，旧的各种事物在逐渐崩塌，而新的各种事物正在悄然生长；另一方面，旧的各种事物还有其顽固的生命力，而新的各种事物在不断适应中国的土壤中艰难生长。简单地说，新旧杂陈，中西冲撞，名家云集，新秀辈出，这是当时的中国社会在思想、文化和学术等各方面的一个最为显著的特点。为了向今天的人们展示一个更为真实的民国，为了将民国文化的精髓更全面地保存下来，本社此次选择了一些民国时期曾经出版过的、书名中均有“小史”字样的图书，整理成为一套《民国小史丛书》出版，以飨读者。

这套《民国小史丛书》涉及文学、艺术、历史、哲学、政治、经济等诸方面，每种图书均用短小精悍的篇幅，以深入浅出的语言，向当时中国的普通民众介绍和宣传社会思想各个领域的专门知识。这套丛书通俗易懂，可读性强，在专业知识和理论的介绍上丝毫不逊于大部头的著作，既可供大众读者消闲阅读，也可供有专门兴趣的读者拓展阅读。这套丛书不仅对民国时期的普通读者具有积极的启蒙意义，其中的许多知识性内容和基本观点，即使现在也没有过时，仍具有重要的参考价值，因此也非常适合今天的大众读者阅读和参考。

本社此次对这套丛书的整理再版，基本保持了原书的民国风貌，只是将原来繁体竖排转化为简体横排的形式，对原书中存在的语言文字或知识性错误，以“编者注”的形式加以校订，以便于今天的读者阅读。希望各位读者在阅读本丛书之后，一方面能够对民国时期的思想文化有一个更加深刻的了解，另一方面也能够为自己的书橱增添一种用于了解各个学科知识的不可或缺的日常读物。

提要

此篇论我国国体，如何由部落时代，进于封建时代，更进至统一时代；深探其原，而以史事为佐证，精确不移，显明易解。其论封建国数里数之差异，及郡县之起原，[1] 尤为前人屐齿所未到。

[1] “起原”，今作“起源”。——编者注

吾国今日，巍然以大国立于世界矣。然此等局面，特自秦以来耳。由此上溯之，则为大国七，小国十余。更上溯之，则国名之见于《春秋》及《左氏》者，凡百四十。又上溯之，其确数虽不可知，然时愈古则国愈多，则理之可信者也。[1]然则众国分立之中国，果何由而成为大一统之局邪？

凡天下庞然大物，未有可一蹴而成者也。譬诸生物：其始也，物一细胞耳；浸假而合诸细胞以为一细胞；浸假而成较大之动物；浸假而成更大

[1] 古所谓万国、三千、千七百云者，乃约略或设法之辞，不足为据。见后。

之动物；最后乃成为人。国家之成，亦犹是也。今日极大之国家，其始，未有不自极小之部落来者也。吾以为国家之成，实经三时代，即：（一）部落时代；（二）封建时代；（三）郡县时代是也。

生民之始，果若何情状乎？盖难言之。据书史所载，及存于今之原人推测之，则亦一豪[1]无组织之群而已。稍进乃知有血统。富辰所谓："大上以德抚民，其次亲亲以相及也。"[2] 血统之知必始于母，其后乃知有父。知有母，则知有同母之人焉。又知有母

[1] "豪"，当为"毫"。——编者注

[2] 《左》僖二十四年。

之母，及与母同母之人焉。知有父，则知有父之父，又知有与父同父之人焉。自此而推之则成族。一族之人，群萃州处，必有操其治理之权者，于是乎有宗。宗与族，固国家之所由立也。然究不得遂谓为国家。何者？宗族之结合由于人，而国家之成，则必以地为限界。宗族之中，治人者、治于人者，皆有亲族之关系；而国家之政治，则与亲族无关。夫以一宗族之主，推其权力，及于宗族以外，合若干地方之人民而统治之，此则所谓部落者也。❶

❶ 部落与宗族，并行不悖，并非截然两时。为部落酋长者对其宗族，固亦仍为首长也。

部落之世，交通不便，人民亦蒙昧而寡欲。诸部落之间，殆彼此无甚关系。《老子》曰：“郅[1]治之极，邻国相望，鸡犬之声相闻。民各甘其食，美其服，乐其俗，至老死不相往来。”所追想者，即此等境界也。如是者，盖不知其若干年。

世运渐进，人智日开，嗜欲日多，交通益便。往来既数，争夺遂萌。乃有以一部落而兼并他部落，慑服他部落者，乃渐入于封建之世。

❶ “郅”，今通行本中多为“至”。——编者注

封建之道，盖有三端：慑服他部，责令服从，一也；替其酋长，改树吾之同姓、外戚、功臣、故旧，二也；开辟荒地，使同姓、外戚、功臣、故旧移殖焉，三也。由前二说，盖出于部落之互相吞并。由后之说，则出于一部落之向外拓殖者也。一部落之拓殖于外者，于其故主，固有君臣之分；异部落之见慑服者，对其上国，亦有主从之别；此天子诸侯[1]尊卑之所由殊，而元后群后之所以异也。自彼此无关系之部落，进而为有关系之天子诸侯，则自分立进于统一之第一步也。

[1] “诸候”，当为“诸侯”。以下此类情况径改，不再说明。——编者注

封建之地，盖古小而后世大；封建之国，则古多而后世少。此足征诸国吞并之益烈，拓殖之益盛；封建之渐进于郡县，实由此也。曷言乎封建之地，古大而后世小也？《王制》说五等之封曰："天子之田方千里。公侯皆方百里，伯七十里，子男五十里。不能五十里者，不合于天子，附于诸侯，曰附庸。"《白虎通》以此为周制，❶引《含文嘉》谓殷爵三等。❷《春秋繁露》又分附庸字者方三十里，名者二十里，人氏者方十五里。《周官·大司徒》则谓诸公之地，封疆方五百里，诸侯四百里，诸伯三百里，诸子二百里，诸男一百

❶《孟子·万章篇》答北宫锜之问同。

❷ 合子男从伯。或曰：合从子，贵中也。地三等不变。《含文嘉》又谓夏制亦三等，见《王制》疏。

里。封地之大小互异，为今、古文家聚讼之端。其实皆设法之辞，无足深辩。[1] 然设法之辞，何以如此？亦必有其所以然。吾盖观于古书言诸国之里数，而知古代列国渐次扩大之迹，及设法之说之所由来也。《易·讼卦》九二：“不克讼，归而逋，其邑人三百户。”疏谓：“此小国下大夫之制。《周礼·小司徒》，方十里为成，九百夫之地。沟渠、城郭、道路，三分去一，余六百夫。又以不易、一易、再易，定受田三百家。”此盖封地之最小者。《左氏》所谓夏少康“有田一成”者也。其制之存于春秋时者，则

[1] “设法”二字，见《礼记》。《周官》郑注谓假设平正之例以示人，《汉书·食货志》论井田，终之曰：“此谓平土，可以为法者也”，亦此义。近人误以古书所云，系述当时实事，遂疑其不足信，非也。

《论语》谓管仲“夺伯氏骈邑三百”是也。此等小国寡民，在古代盖曾以之建侯。故《吕览》谓王者封建，“海上有十里之诸侯”。至春秋之世，则但以为下大夫之食邑而已。[1] 此封地之最小而最古者也。进一步，则为今文家所言之制，秦汉时之县，多古国名。盖沿自春秋战国之世，灭国而以为县也。县大率方百里，与今文家所言公侯之地合。《孟子》谓“今滕，绝长补短，将五十里也”，亦与附庸之地合。知古确有此等国，非虚构也。更进一步，则为《周官》所言之数。郑玄糅杂今古，谓周公扩大土宇，增益诸侯之封，以牵合《王制》

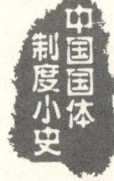

[1] “而已”，当为“而已”。以下此类情况径改，不再说明。——编者注

《周官》，其说盖不足信。❶ 然周代诸

❶ 郑氏所以为此说者，盖欲将今、古文所言服之里数，封建之国数，牵合为一故也。《禹贡》：“五百里甸服：百里赋纳总，二百里纳铚，三百里纳秸服，四百里粟，五百里米。五百里侯服：百里采，二百里男邦，三百里诸侯。五百里绥服：三百里揆文教，二百里奋武卫。五百里要服：三百里夷，二百里蔡。五百里荒服：三百里蛮，二百里流。”旧有三说：《今尚书》欧阳、夏侯说，谓中国方五千里。史迁同。一也。《古尚书》说，谓五服旁五千里，相距万里。二也。贾逵、马融，谓甸服之外，百里至五百里［米］，特有此数；其侯、绥、要、荒、服各五百里。是面三千里，相距为方六千里。三也。如《古尚书》说，则与《周官·职方》方千里曰王畿，其外侯、甸、男、采、卫、蛮、夷、镇、藩九服，服各五百里者相合。《王制》：“凡四海之内九州。州方千里。州建百里之国三十，七十里之国六十，五十里之国百有二十，凡二百一十国。天子之县内，方百里之国九，七十里之国二十有一，五十里之国六十有三，凡九十三国。九州，千七百七十三国。”大界方三千里，三三而九，为方千里者九。《周官·职方氏》：“凡邦国千里，封公以方五百里则四公，方四百里则六侯，方三百里则七伯，方二百里则二十五子，方百里则百男”，七伯当作十一伯。如此说亦欲封至二百一十国，则必九州大界，方七千里；七七四十九，为方千里四十有九。其一为畿内，余四十八州，各有方千里者六，乃能容之。若大界方七千里，而封国之数，与《王制》同，则可得万国。郑氏乃谓黄帝之时，中国疆域，本有万里。尧遭洪水，仅方五千里，分为五服，服各五百里。禹平水土，复各以五百里弼之。《书》所谓“弼成五服”是也。故其时封国之数有万，《左氏》谓禹会诸侯于涂山，执玉帛者万国是也。夏衰，夷狄内侵，诸侯相并，土地减，国数少。殷汤承之，更制中国方三千里之界。亦分为九州，而建千七百七十三国。则《王制》所言是也，周公复唐虞之旧域，分其五服为九。其要服之内，亦方七千里。因殷诸侯之数，广其土，增其爵：则《周官》所言是也。将今古异说，悉贯串为一，说非不巧，然终嫌附会耳。以上所引之说，见《禹贡》《王制》《周官》及《诗·商颂》正义。

国疆域，确有与《周官》所言相近者。《明堂位》谓成王封周公于曲阜，地方七百里。《史记·汉兴以来诸侯年表》，谓周封伯禽、康叔于鲁、卫，地各四百里；太公于齐，兼五侯地。孟子告慎子，谓鲁方百里者五。[1]《管子·轻重甲篇》“管子问于桓公曰：敢问齐方几何里？桓公曰：方五百里”是也。案古书言封建，与《王制》合者，十之九而强；与《周官》合者，十不得一。谓周封齐、鲁、卫方四五百里，或七百里，盖亦不足信之辞。所以有此说者，则因后来诸国疆域廓张，[2]数典忘祖，遂以是为初封时事也。东周诸国之地，又有较

❶《告子》。

❷“廓张”，今作“扩张”。——编者注

《周官》所言为大者。子产谓“大国地多数圻”,[1]《孟子》谓“海内之地,方千里者九,齐集有其一”[2]是也。亦可谓周初所封乎。盖吞并及拓殖,为封建之所由兴;封建既兴,二者仍进行不已。其进行之速率,虽诸国不等,亦有大致可求。最古之世,盖不过一成之地;其后渐进至百里;又渐进至五百里;其情势特异者,则又开拓至千里或数千里焉。此为古代事实。《王制》《周官》等书,皆古人虚拟之制,欲见诸施行者。虚拟之制,必切时势以立言。今文家源出孔子,欲复周初之制,故主百里、七十里、五十里之封。《周官》为战国时

---

[1] 《左》襄三十五年。
[2] 《梁惠王下》。

书，根据春秋以来诸国封域，故增大至五百里、四百里、三百里、二百里、百里也。虚拟之辞，虽不容径认为事实，正可由此窥见事实之真矣。

然则古代之封国，何以不务其大，而以小自安也？曰：封国必察其时之情势。《穀梁》曰：“古者天子封诸侯，其地足以容其民，其民足以满城而自守也”，[1] 此以人口之众寡言之。《孟子》曰：“天子之地方千里。不千里，不足以待诸侯。诸侯之地方百里。不百里，不足以守宗庙之典藉。”[2] 此自国用之多少言之。故曰：

❶ 襄二十九年。
❷ “藉”，当为“籍”。——编者注

“周公之封于鲁，为方百里也，地非不足，而俭于百里。太公之封于齐也，亦为方百里也，地非不足也，而俭于百里。”❶ 盖自有其欲大不能、欲小不可之势也。《吕览》谓：“王者之封建也，弥近弥大，弥远弥小，海上有十里之诸侯。”❷《管子》谓：“天子之制，壤方千里。齐诸侯方百里。负海，子七十里，男五十里。”盖中原民众而土地辟，故其国可大；负海民寡而土地荒芜，故其国当小也。此亦封国大小，有其自然之势之一征也。然则今、古文经所拟之制，盖皆就其时势以立言。孔子生于春秋时，主复三代盛时之制；《周官》则战国

❶《告子》。
❷《慎势》。

时书，主就东周以后列国之疆域整齐之也。此设法之谈之所以然也。

曷言乎封国之数，随世而减也？古书所言国数，皆约略，或设法之辞，不足为据，已见前。然其谓古国多，后世国少，则固综合史事以立说，非虚语也。《左》哀七年，诸大夫对孟孙之辞曰："禹会诸侯于涂山，执玉帛者万国。今其存者，无数十焉。"《荀子》谓："古有万国，今有十数。"❶《墨子》谓："古者天子之始封诸侯也，万有余。今以并国之故，万国有余皆灭，而四国独立。"❷

❶ 《富国篇》。又《君道篇》"十数"作"数十"。
❷ 《非攻下》。

《吕览》谓当禹之时，天下万国；至于汤而三千余国。[1] 又谓周之所封四百余，服国八百余，今无存者矣。虽存，皆尝亡矣。[2] 可见古者列国并吞之烈也。

封建有灭人之国，仍其旧君者。亦有改树吾之同姓、外戚、功臣、故旧者。又有开拓荒地，使同姓、外戚、功臣、故旧主之者，前已言之。其中同姓、外戚、功臣、故旧之分封，实于吾国之统一，关系绝大。盖古者车未同轨，书未同文，行未同伦，所恃以团结异族，树统一之基

---

❶《用民》。
❷《观世》。

者，实赖一优秀之民族，将其文明，移殖各地也。《左氏》载成鱄之言曰：“武王克商，光有天下。兄弟之国者十有五人，姬姓之国者四十人。”❶ 即《史记》所谓“武王、成、康，所封数百，而同姓五十五”❷ 者也。《左》僖二十四年，富辰谏王伐郑曰：“太上以德抚民，其次亲亲，以相及也。昔周公吊二叔之不咸，故封建亲戚，以蕃屏周。管、蔡、郕、霍、鲁、卫、毛、聃、郜、雍、曹、滕、毕、原、酆、郇，文之昭也。邘、晋、应、韩，武之穆也。凡、蒋、邢、茅、胙、祭，周公之胤也。召穆公思

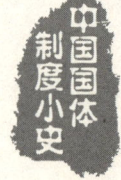

❶ 昭（昭）二十八。

❷ 《汉兴以来诸侯年表》。《荀子·儒效篇》：“周公立七十一国，姬姓居五十三。”

周德之不类，故纠合宗族于成周而作诗，曰：‘常棣之华，鄂不韡韡，凡今之人，莫如兄弟。’其四章曰：‘兄弟阋于墙，外御其侮。’如是，则兄弟虽有小忿，不废懿亲。今天子不忍小忿，以弃郑亲，其若之何?”昭二十六年，王子朝使告于诸侯曰：“昔武王克殷，成王靖四方，康王息民，并建母弟，以蕃屏周。亦曰：吾无专享文武之功；且为后人之迷败倾覆，而溺入于难，则振救之。至于夷王，王愆于厥身，诸侯莫不并走其望，以祈王身。至于厉王，王心戾虐。万民弗忍，居王于彘。诸侯释位，以间王政。宣王有志，而后效官。至于幽王，天不吊周，王昏不若。用愆厥位，携王奸命。诸侯赞之，而建王嗣。用迁郏鄏。则是兄弟之能用力于王室也。至于惠王，天不靖周，生颓祸心，施于叔带。惠、襄辟难，越去王都。则有晋、郑，咸黜不端，以绥定王家，则是兄弟之能率先王之命也。”于宗周之厚抚同姓，同姓之翼戴王室，可谓历历言之。襄二十九年，晋平公合诸侯以城杞。子大叔曰：“晋国不恤周宗之阙，而夏肆是屏。……其弃诸姬，亦可知也已。诸姬是弃，其谁归之？”于同异姓之疏戚，尤较然若揭焉。夫“周之宗盟，异姓为后”，[1] 甯得不谓之私？然先同姓，次外戚，次功臣、故旧，星罗棋布，用作藩屏，而一族之势力，由此

[1] 《左》隐十一年。

遍布于寰区；一族之文化，由此广推于各地矣。即仍其故君者，亦岂遂无裨于统一哉？朝觐有常，会盟有令，共球咸受，集万国之冠裳，文轨是同，昭一朝之制度；固与夫尊称南越，窃帝号以自娱，邑据夜郎，拟汉封之孰大者，迥不侔矣。谓汉族统一中国，同化异族，封建之制，实有功焉，非虚语也。

古代封建之制，与宗族之制，关系最密。职是故，古代国际间之道德，亦与同族间之道德，大有关系。古之言政治者，恒以兴灭国、继绝世为美谈。所谓兴灭国、继绝世，则同族间之道德也。《尚书大传》曰：“古者诸侯始受封，必有采地。其后子孙虽有罪黜，其采地不黜，使子孙贤者守之。世世，以祠其始受封之人。此之谓兴灭国、继绝世。”盖古代最重祭祀，所谓兴灭国、继绝世者，则不绝始封之君之祀而已。此义多有行之者。《史记·秦本纪》：庄襄王元年，“东周君与诸侯谋秦。秦使相国吕不韦诛之。尽入其国秦。不绝其祀，以阳人赐周君奉其祭祀”。即所谓采地不黜，使子孙贤者守之者也。《吕览》曰：“周之所封四百余，服国八百余，今无存者矣；虽存，皆尝亡矣。”云尝亡而复存，则知当时兴灭国、继绝世者甚多。楚庄王既灭陈，以申叔时一言而复之；其后灵王灭陈、蔡，平

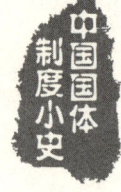

王又复之；[1] 诱杀戎蛮子，而复立其子，皆是物也。不宁惟是，古者天子可封诸侯，诸侯亦可封大夫；大夫以下，亦得以地分其宗族。故《礼运》谓："天子有田以处其子孙，诸侯有国以处其子孙，大夫有采以处其子孙。"师服谓"天子建国，诸侯立家，卿置侧室，大夫有贰宗，士有隶子弟；庶人工商，各有分亲"，[2] 虽大小不侔，而原理则一。故天子之所以字诸侯者，诸侯之于大夫，亦宜守之。诸侯之所以交诸侯者，大夫之于大夫，亦当遵之。楚庄王之灭若敖氏也，子文孙箴尹克黄使于齐，归复命，而自拘于司败。王思子文之治楚

[1] 《左》昭十三。
[2] 《左》桓二。

国也，曰：“子文无后，何以劝善？”使复其所，改命曰生。❶ 平王杀斗成然，灭养氏之族。使斗辛居郧，以无忘旧勋。❷ 亦兴灭国、继绝世之义也。于死者不绝其祀，即于生者宜继其食。故纪季之以酅入齐也，曰：“请后五庙，以存姑姊妹。”❸ 诸侯不臣寓公。❹ 寓公虽不继世，妻得配夫，犹衣食于公家。❺ 皆同族相恤之义也。古于同族之厚如此，则《春秋》之法，灭同姓者与失地者俱名，亦宜矣。

---

❶ 《左》宣四。
❷ 《左》昭二十四。
❸ 《公羊》庄公二十三年。
❹ 《郊特牲》。
❺ 《公羊》桓公七年解诂。

惟其如是，故古代之一姓，不得势则已，苟得势，则其覆亡颇难。以其同族之蟠据者众，平民无力足以覆亡之也。然其族却有自亡之道。何则？始封之时，天子诸侯之间，非伯叔，则甥舅，否亦先王老臣，当伫嬖幸；其关系原极亲密，一再传后，浸以疏隔，久则成为路人矣。且古代地广人稀，列国利害，无甚关系，至后世则不然也。于是相吞相并，至始皇而遂统于一。夫举天下而奉诸一人，其势可谓极强。然此族之高居民上者，遂惟此一人；欲覆此一族者，覆此一人可矣；秦之亡是也。然则凡物极盛之侯，[1] 即其将衰之时。物无足

[1] “侯”，当为“候”。——编者注

以亡之，其身遂寓自亡之道。祸福倚伏之理，盈虚消长之机，岂不异哉？岂不异哉？

封建之世，诸国星罗棋布，其关系一若甚疏。所恃以相维相系者，则巡守、朝贡之制是也。巡守朝贡之制，古书所说互异，今姑勿具论。但藉此一考列国之关系如何，亦足见古代之政体矣。《王制》述巡守之事曰："觐诸侯，问百年者就见之。命太师陈诗，以观民风。命市纳贾，以观民之所好恶，志淫好辟。命典礼，考时月定日。同律，礼乐、制度、衣服正之。山川神祇，有不举者为不敬；不敬者，君削以地。宗庙，有不顺者为不孝；不孝者，君绌以爵。变礼易乐者，为不从；不从者，君流。革制度衣服者，为畔；畔者，君讨。有功德于民者，加地进律。”《孟子》曰：“入其疆，土地辟，田野治，养老尊贤，俊杰在位；则有庆，庆以地。入其疆，土地荒芜，遗老失贤，掊克在位，则有让。一不朝，则贬其爵；再不朝，则削其地；三不朝，则六师移之。”则古代之天子，所以督责其诸侯者盖甚至。此等制度，后人每疑其不能实行。此由狃于春秋战国时势而然，而不知古代非春秋战国比也。古代疆域小，人民朴。人民朴则上下不隔，疆域小则巡览易周。《孟子》又曰：“春省耕，而补不足；秋省敛，而助不给。《夏谚》曰：吾王不游，吾何以休？吾王不豫，吾何以助？”则巡守始之始，原不过周览田野之间；犹后世刺史郡守，巡行所属，考其治迹耳。至于提封万里之世，则方行海表，原非平时所能。穆王欲肆其心，周行天下，而《祈招》之诗作矣。入朝者，小国对于大国，所以示其恭敬之心。齐顷公败于鞌而朝晋，韩厥举爵曰“臣之不敢爱死，为两君之在此堂”是也。[1] 入贡一端，尤于大国之财政，大有裨益。《周官·司徒》：“诸公之地，封疆方五百里，其食者半。诸侯之地，封疆方四百里，其食者三之一。诸伯之地，封疆方三百里，其食者三之一。诸子之地，封

[1] 《左》成三年。

疆方二百里，其食者四之一。诸男之地，封疆方一百里，其食者四之一。”郑玄云：“足其国礼俗、丧纪、祭祀之用，乃贡其余。若今度支经用，余为司农谷矣。”《左》文四年：“曹伯如晋会正。”注：“会受贡赋之政也。四年，公如晋听政。”晋侯享公，公请属鄫。❶ 晋侯不许。孟献子曰：以寡君之密迩于仇，而愿固事君，无失官命。❷ 鄫无赋于司马，为执事朝夕之命敝邑；敝邑褊小，阙而为罪，寡君是以愿借助焉。又二十九年：“晋侯使司马女叔侯来治杞田。弗尽归也。悼夫人愠曰：齐也取货。公告叔侯。叔侯曰：鲁之于晋，职贡不乏，

❶ 注：“使助鲁出贡赋。”

❷ 注：“晋官征发之命。”

玩好时至。公卿大夫，相继于朝。史不绝书，府无虚月。如是可矣，何必瘠鲁以肥杞?”合此诸文观之，可见当时大国之求取。又襄二十二年：“臧武仲如晋。雨，过穆叔。穆叔在其邑，将饮酒，曰：焉用圣人?我将饮酒而已。雨行，何以圣为?穆叔闻之，曰：不可使也，而傲使人，国之蠹也。令倍其赋。”注：“古者家其国邑，故以重赋为罚。”疏引《大司徒》郑注，又引司勋“凡颁赏地，三之一食”。郑氏注云：“赏地之税，三分计税，王食其一，二全入于臣。”谓：“诸侯之臣受采邑者，亦当三分之一而归于公。故云古者家其国邑，言以国邑为己之家。有贡于公者，是减己而贡之。故以重赋为罚。”则诸侯之于天子，大夫之于诸侯，一也。《中庸》以“厚往而薄来”，为怀诸侯之义。《聘义》曰：“以圭璋聘，重礼也。已聘而还圭璋，此轻财重礼之义也。”恐能行之者甚少耳。

巡守朝贡而外，尚有制驭列国、保其统一之策，是为伯主。《王制》曰：“千里之外设方伯。五国以为属，属有长。十国以为连，连有帅。三十国以为卒，卒有正。二伯一十国以为州，州有伯。八州，八伯，五十六正，百六十八帅，三百三十六长。八伯各以其属。属于天子之老二人。分天下以为左右，曰二伯。”注：“老谓上公。《春秋传》曰：自陕以东，周公主之。自陕以西，召公主之。”《公羊》云：“三公者何？天子之相也。自陕而东者，周公主之。自陕而西者，召公主之。一相处乎内。”[1] 则《王制》所谓二伯，即《公羊》所谓三公也。《尚书大传》有八伯，盖亦即王制所谓八州之伯。其在周世，周、召二公，世为辅相，盖犹是分陕之旧制，特不能举其职耳。《左》僖四年，管仲告楚人之辞曰：“昔召康公命我先君大公，曰：五侯九伯，女实征之，以夹辅周室。赐我先君履，东至于海，西至于河，南至于穆陵，北至于无棣。”则《王制》所谓一州之伯也。《王制》曰：“天子使其大夫

[1] 隐五年。

为三监，监于方伯之国，国三人。”武王使三叔监殷，盖系此制。秦二十六[1]郡皆有监，亦放[2]诸此也。此等制度，盖亦肇于疆域狭小之世。后世提封既大，遂不易实行。然齐桓、晋文之迭兴，则固一州之伯之旧制。特其会盟征伐，声威之所被愈远耳。秦穆破西戎，而天子致伯，盖即命为雍州之伯也。知群经所述制度，虽出虚拟，亦必有据依矣。

以上为封建之世，列国并立之情形。由部落而至封建，由封建而至郡县，原因虽多，而列国国力之扩张，

---

❶ “二十六”，疑为“三十六”。——编者注
❷ “放”，今作“仿”。——编者注

实为其主要者。部落之世，如何扩张而入于封建之世，遗迹之可考者甚鲜。至封建之世，列国国力之扩张，则尚有可考者。今试一陈其义，亦足见统一之业所由成焉。

封建之初，列国盖尚星罗棋布于大陆之上。故斯时列国之疆域，皆不甚相接。必待其人口渐繁，开拓日广，乃成犬牙相错之形焉。顾氏栋高有《春秋列国不守关塞论》，[1] 俞氏正燮有《越国鄙远义》，[2] 谓春秋之世，

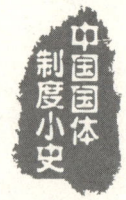

[1] 见《春秋大事表》。

[2] 《癸巳存稿》。

越国鄙远，乃其恒事。[1] 此等衡以后世之事，于理殊不可通，而当时能行之者，则以其地广人希[2]故也。惟地广人希，故其所谓越国者，初非如今日经过他国之土地，特经过其国旁之荒地而已。所谓鄙远者，亦非如我国今日，忽越土耳其斯单，[3] 而县小亚细亚，亦经过荒地，以至属于我之城邑而已。犹今之航海者，历重洋而至孤屿也。所以不守关塞者，守关塞所以卫平地，当时平地多荒弃，无待于卫；抑荒地多则随处可入，虽扼一二要地，亦不足资掎角也。此等情势，

---

❶《穀梁》僖五年："晋人执虞公。执不言所于地，缊于晋也。"注："时虞已包里属于晋。"国为人所包里而犹不知警，受其璧马而假之道，其轻视土地，可谓甚矣。轻视土地，则地广人稀之世之遗习也。

❷"希"，今作"稀"。后同。——编者注

❸"斯单"，今译"斯坦"。——编者注

谓春秋之世，列国皆然，容或过当。然必仍有此等情形。由春秋上推之，愈古，则此等情形愈甚矣。人类之作事，恒有其惰力，故至春秋之世而犹然也。

由此缅想封建之初，国都而外，其余之地，搏结皆不甚坚凝。故其民之离散，地之削小甚易。春秋时，兴大师以攻围一邑者甚少，往往一用兵即直傅国都，以此也。然则国力之所聚，在一都城而已。

国[1]邑一也，大小异耳。国邑之起，盖起于人类之聚居。吾族最初聚居之所，则岛屿是也。此其证甚多。州岛同音，一也。天子之畿内谓之县，县之本字为环，环则水绕其四周之谓也。[2] 古代天子之居，实惟明堂。明堂盖国之前身，而亦环之以水，二也。后世之筑城者，必沟水以绕之，盖犹岛居之遗习，三也。近人有“神权时代天子居山说”，盖犹后起之事矣。

---

❶ 都城。

❷《王制》“县内诸侯”，《穀梁》隐元年作“寰内诸侯”。释文：“寰音县。古县字一音环。”《国语》：“管子制齐三乡为寰”，即三乡为县也。颜师古曰：“书县邑字皆作寰，县为县挂字，后人转用为州县字。其县挂之县，又加心以别之也。”

岛居为最初情形，稍进则居山。益进，不畏毒蛇猛兽之害；又能重门击拆，[1] 以待暴客。于是降丘宅土，乃有城郭，以为守御之资。此时竞争，盖不甚烈。故所谓建国者，不过于适中之地，筑一城而居之；而险要与否，在所勿论。《孟子》称君子之欲，在“中天下而立，定四海之民”。[2]《荀子》谓：“王者必居天下中央。”[3]《管子》曰：“天下有万诸侯也，其中有公、侯、伯、子、男焉，天子中而处。”[4] 又曰：“地之东西二万八千里，南北二万六千里，天

---

❶ “拆”，当为“柝”。——编者注

❷《尽心》。

❸《大略》。

❹《度地》。

子中而立。”❶《吕览》曰：“古之王者，择天下之中而立国，择国之中而立宫，择宫之中而立庙。”❷皆古代建国，但求适中，不务险要之明证。贾生曰：“古者天子地方千里，中之而为都；输将徭使，远者不五百里而至。公侯地方百里，中之而为都；输将徭使，远者不五十里而至。”❸何君曰：“王者封诸侯，必居土中，所以教化者平，贡赋者均；在德不在险。”❹盖由竞争不烈，故但图行政之利便，不计用兵之形势也。夫竞争不烈，则列国未甚接触之征；列国未甚接触，则其国力未甚发展之征也。

---

❶《轻重》。

❷《慎势》。

❸《属远》。

❹《公羊》僖元年解诂。

斯时之疆域，初不甚严，徒恃人造之沟封以为固；❶其域民，亦恃此而已。❷《左》昭元年，赵孟之言曰：“疆场之事，一彼一此，何常之有？王伯之令也，引其封疆而树之官，过则有刑，犹不可壹。封疆之削，何国蔑有？主齐盟者，谁能辨焉？”又哀八年：“武城人或因于吴竟，田焉。拘鄫人之沤菅者，曰：何故使吾水滋？”注谓武城人“侨田吴界，鄫人亦侨田于吴”。皆古代疆域，不甚谨严之证也。

---

❶《周官·大司徒》：“辨其邦国都鄙之数，制其畿疆而沟封之。”注：“疆，犹界也。沟，穿池为阻固也。封，起土界也。”

❷ 间有恃人造之关者，孟子谓齐宣王：“臣始至于境，问国之大禁。臣闻郊关之内，有囿方四十里。”《左》襄十四、二十六年，载蘧伯玉、大叔文子之去卫，皆自近关出是也。宣三，宣子未出山而复，仲尼惜其亡不越竟（境），则以山为竟（境）。非古代通常情形也。

古代较大较完固之城，在一国之内，惟有一都城而已。祭仲谏郑庄公曰："先王之制：大都，不过三国之一，中五之一，小九之一。今京不度，非制也。君将不堪。"❶ 则于国以外之城邑，不徒不以其宏大为喜，抑且以其过制为忧。然及后来，则此等情形，逐渐改变，遂有所谓县者出焉。古之所谓邑者，盖农民聚居之所，即重门击柝，以待暴客之制。何君《公羊解诂》谓"民春夏出田，秋冬入保城郭"❷ 是也。此等邑，盖处处有之。邑之大者曰都，小者曰聚，❸

❶《左》隐元年。

❷ 宣十五年。

❸《史记》言舜所居一年成聚，二年成邑，三年成都。故知聚较邑为小，都较邑为大。《左》庄二十八年，"邑有宗庙先君之主曰都，无曰邑"，亦以其大，故有宗庙先君之主也。

皆有城郭，以资守御。[1] 合所耕之地

---

❶ 古代民居最小之区域为里。里统于乡，亦统于邑。《史记》：老子，楚苦县厉乡曲仁里人；高祖，沛丰邑中阳里人是也。邑亦有系乡言之者；孔子，生鲁昌平乡陬邑是也。《日知录》云乡亦有城，引《汉书·朱邑传》其子葬之桐乡西郭外为证。案乡以地言，邑以城言；邑为乡之邑，故名系于乡，非乡可统邑。至于乡之城，则自即邑之城，非邑城而外，乡又别有其城也。古代之邑盖甚小，及后世则渐大。《公羊》隐五年，“宋人伐郑，围长葛”。邑不言围，此其言围何？强也。六年，“冬，宋人取长葛”。外取邑不书，此何以书？久也。一邑也，支持敌兵，至于一年有余，其非寡小可知矣。庄二十九年，“齐人降鄣”。鄣者何？纪之遗邑也。留吁、铎辰，《穀梁》亦以为潞之遗邑。可见灭国之后，邑仍有不易服者矣。襄十五年，“季孙宿叔孙豹帅师城成郛”，则邑亦有郛。《左》昭十六年，成大夫公孙朝谓平子曰：“有都，以卫国也，请我受师。”其所以有恃而无恐也。此等大邑，叛服于两国之间，颇足为患。疆臣擅之，其君往往无如之何。《左》僖二十年，“滑人叛郑而服于卫。郑公子士、泄堵寇帅师入滑”。二十四年，“郑之入滑也，滑人听命。师还，又即卫”。又臧武仲以防，求为后于鲁是也。隐元年，郑太叔命西鄙北鄙贰于己。又收贰以为己邑，至于廪延。亦藉邑之力以叛君也。邑虽有此等大者，然仍以小者为多。故当时卿大夫之邑皆甚多。《左》襄二十六年，取卫西鄙懿氏六十，以与孙氏。又与免余邑六十。二十八年，与晏子邶殿，其鄙六十是也。卿大夫既兼有多邑，则其所治之邑，规制必大，遂成大邑矣。

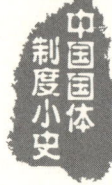

而言之则曰乡，并诸乡而统治之者为县。❶《史记·商君列传》“集小乡聚邑为县”❷ 是也。县之设，一为政治所自出，一为甲兵之所聚。县为令，丞所在，其为政治所自出，事至易明。曰为甲兵所聚者，春秋时之县，其大皆足与古一国相敌。古代一国，本为一军区也。《左》昭十三年，楚灵王谓子革曰：“今我大城陈、蔡、不羹，赋皆千乘。子与有劳焉。诸侯其畏我乎?”对曰：“畏君王哉！是四国者，专，足畏也。又加之以楚，敢不畏君王哉?”陈、蔡、不羹皆故国，是时为楚之一县。以兵制论，仍自为

❶ 县本区宇之称，故合若干地方而一之，则称为县。

❷ 《商君列传》：“集小乡聚邑为县，置令、丞。”

一区。故知为甲兵所聚也。[1]春秋战国时之县，盖多灭国为之；亦有以治理之密新设者。灭国为之者，如陈、蔡、不羹是也。[2]新设者，如“集小乡聚邑为县”是也。斯时也，不独古百里、七十里、五十里之国，夷灭而为大国之县，即卿大夫亦有县甚多。如《左》昭二十八年，晋分祁氏之田以为七县，羊舌氏之田以为三县是也。[3]古代各自独立之国，既为大国所夷灭，即卿大夫亦统地日广，而统

---

❶ 《左》昭五年，薳启强谓“韩赋七邑皆成县”。又谓“因其十家九县，长毂九百。其余四十县，遗守四千”。亦县为兵力所聚之一证。

❷ 凡春秋战国地名，秦汉县名，可知其本为国名者，皆古国之见灭者也。

❸ 卿大夫之邑，亦有为古国者，如《左》闵元年，晋献公灭耿，以赐赵夙；灭万，以赐毕魏是也。

一之机迫矣。[1]

由县更进一步，则有所谓郡。郡之区域，本较县为小。《周书·作洛篇》“千里百县，县有四郡”[2] 是也。而至战国，忽以郡统县，何哉？姚氏鼐曰：“郡之称，盖始于秦晋。以所得戎翟地远，使人守之，为戎翟民君长，故名曰郡。如所云阴地之命大夫，盖即郡守之谓也。[3] 赵简子之誓

---

❶ 封地大小，随世变迁。古百里之国称公，楚县尹亦称公，非苟僭也，其地之大，固与古公侯之国相当也。至战国时，封地愈广，则穰侯、文信侯等皆称侯矣。此与诸侯封地之渐大，同一理也。

❷ 《说文》：“周制：地方千里，分为百县，县有四郡。”

❸ 案见《左》哀四年。注曰：“命大夫，别县监尹。”正义曰：“阴地者，河南山北东西横长，其间非一邑，特命大夫总监阴地。”

曰：上大夫受县，下大夫受郡。郡远而县近，县成聚富庶而郡荒陋，故以美恶异等。《晋语》：夷吾谓公子絷曰：君实有郡县。言晋地属秦，异于秦之近县，非云郡与县相统属也。及三卿分范，中行、知氏之县，其县与己故县隔绝，分人以守，略同昔者使人守远地之体，故率以郡名。然而郡乃大矣，所统有属县矣。”愚案《史记》，甘茂谓秦王曰：“宜阳大县；名为县，其实郡也。”春申君言于楚王曰：“淮北地近齐，其事急，请以为郡便。”《匈奴列传》谓“赵置云中、雁门、代郡，燕置上谷、渔阳、右北平、辽西、辽东郡以拒胡。魏有河西、上郡，以与戎界边”。则郡率有战备，姚氏谓为边远之地是也。盖统

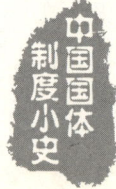

一之途，不外吞并人国、开拓荒地二者。县之设，由吞并人国者多；郡之设，则由开拓荒地者多也。

荒地既日益开拓，则列国境域，渐次相接，故其重视封疆，亦非前世之比。考重视封疆之事，春秋时即已有之。如《公羊》昭公元年，“叔弓帅师疆运田。运田者何？与莒为境”[1]是也。二五之说晋献公也，曰：“蒲与二屈，君之疆也。疆场无主，则启戎心。”已渐有陈兵守境之势矣。至于战国，列国殆无不慎固封守者。苏

[1]《左》襄六年：“齐灭莱，高厚、崔杼定其田。”注曰：“正其疆界。”八年：“莒人伐我东鄙，以强鄙田。”注：“莒既灭鄫，鲁侵其西界，故伐鲁东鄙，以正其封疆。”

秦说齐宣王，谓“韩魏战而胜秦，则兵半折。四境不守，所以重与秦战而轻为之臣”是也。观于拓地之益广，守境之日严，而知统一之运之日迫矣。

古代最小之国，其地有仅一成者；稍进则为百里、七十里、五十里之国；又进则大国至五百里，前已言之。列国之吞并开拓，速率虽不得齐等，大致要亦相同。而春秋时之晋、楚、齐、秦，战国时之燕，拓地皆至方数千里。何哉？其立国皆在边徼，与戎狄为邻，戎狄贱土，易于开拓故也。[1]《王制》曰："天子之县内诸侯，禄也。外诸侯，嗣也。"赐爵颁禄，内外诸侯皆同；所异者，世袭与不世袭而已。诸侯之国，其地之大，浸至与王畿等，则其国内，自亦有如内诸侯之大夫，楚县尹称公是也。诸侯之臣，亦有世袭者。盖为地远，制驭之力不及，如楚之于夔是也。其近者亦不世袭，《王制》谓"诸侯之大夫，不世爵禄"是也。天子之于诸侯，诸侯之于大夫，名异，其实一也。权力所及之地愈广，则行外诸侯之制之地益少，而行内诸侯之制之地益多。然则灭国为县无他，渐废外诸侯之制，推行内诸侯之制而已。春秋

[1] 作者认为当时边疆地区人烟稀少，荒凉，以易开拓。——编者注

时，晋文公降原，问原守于寺人勃鞮；[1] 战国时，吴起为魏守西河；皆郡守之类也。古者国小，甲兵少，交通不便；悬远之地，为驾驭所不及，则建国以守之。后世国大，甲兵多，交道便；悬远之地，亦为力所能及，则择人以守之。此建国之所以易为制郡也。然则郡之置，又建国之因时制宜，而不行世袭之制者耳。封建之变为郡县如此。

封建之制所以能行者，以其地广人希，交通不便，王室制驭之力不及，而列国亦不相接触故也。及其户

---

[1] 《左》僖二十五年。

口日繁，土地日辟，交通日便，则制驭之势既易，接触之事亦多。制驭易，则宅中图治者，务求指臂之相联；接触多，则狡焉思启者，不容弱小之存在。封建至此，遂不能不废矣。秦汉时之县，即古者百里之国也；其郡，则五百里之国也。封建至此，已属勉强维持；过此即断难存立矣。汉初所封大国，跨郡五六，连城数十，是六国之形也。汉有三河、东郡、颍川、南阳，自江陵以西至蜀，北自云中至陇西，与内史，凡十五郡。[1] 以视嬴秦，抑又过之。以嬴秦临六国，岂闻能久安者哉？此异姓诸王，所以不久灭亡，而同姓亦卒酿七

[1] 《史记·汉兴以来诸侯年表》。

国之变也。岂人谋之不臧哉？世运则然也。

以上所论，皆周以前事。至于秦而我国之国体定矣。然天下凡事皆有其惰力性。部落封建之制，行之既数千年，其不能一旦划除净尽，亦自然之势也。故自秦以后，封建制度之大反动凡四；而部落之制，亦至近代而划除犹未尽绝焉。今更略论之。

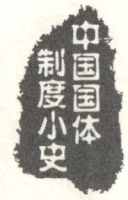

世每称秦人废封建，行郡县，其说误也。废封建是一事，行郡县又是一事。郡县之制，战国以前，早已有之，已见前。惟尽废封建，确自秦始。故谓秦人行郡县，不如谓秦人废封建之为得当也。六国之灭也，丞相王绾等，谓“燕、齐、荆地远，不为置王，无以填之”。后始皇置酒咸阳宫，博士淳于越又进曰：“臣闻殷、周之王千余岁，封子弟功臣，自为枝辅。今陛下有海内，而子弟为匹夫，卒有田常六卿之臣，无辅拂，何以相救哉？事不师古，而能长久者，非所闻也。”皆欲复行封建者也。李斯之驳王绾等也，曰：“周文、武所封子弟同姓甚众，然后属疏远，相攻击如仇雠。诸侯更相攻伐，周天子弗能禁止。今海内赖陛下神灵，一统，皆为郡县。诸子功臣，以公赋税重赏赐之，甚足，易制。天下无异意，则安宁之术也。置诸侯不便。”始皇之裁决之也，曰："天下共苦战斗不休，以有侯王。赖宗庙，天下初定，又复立国，是树兵也。而求其宁息，岂不难哉？廷尉议是。"封建之制，由此遂不复行。由今观之，始皇、李斯之议为是，固无待再计矣。[1]

然此非当时之人所知也。当时之

[1] 始皇之令议帝号，丞相绾、御史大夫劫、廷尉斯等皆曰："古者五帝，地方千里。其外侯服、夷服，诸侯或朝或否，天子不能制。今陛下兴义兵，诛残贼，平定天下；海内为郡县，法令由一统，自上古以来未尝有，五帝所不及。"又《琅邪刻石》曰："古之帝者，地不过千里。诸侯各守其封域，或朝或否。相侵暴乱，残伐不止，犹刻金石，以自为纪。古之五帝三王，知教不同，法度不明；假威鬼神，以欺远方，实不称名，故不久长。其身未殁，诸侯倍（背）叛，法令不行。今皇帝并海内，以为郡县，天下和平。昭明宗庙，体道行德，尊号大成"，云云。所斤斤自诩者，皆在封建之废。由今日言之，封建之废，固已习为故常。由当时言之，则秦之为治，确与三代以前，截然有别，亦无怪其自多耳。

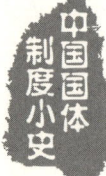

人，盖视秦之灭六国，为无道之举，而视列国并立，为当然之事。其诋秦曰“暴”，曰“无道”，曰“强虎狼”，非必以其虐民，亦以其尽灭六国，又不封建子弟，为专有前人之功，又背兴灭、继绝之义也。当时六国之人，视六国之复，亦为当然之事。陈胜之谋起兵也，曰：“等死，死国可乎？”范增之说项梁也，曰：“今君起江东，楚蜂起之将，皆争附君者，以君世世楚将，为能复立楚之后也。”皆此等思想也。人心如此，灭秦之后，自无一人专据有之之理，其不得不出于封建者势也。

周以前之封建，制度本不一定，

由前所述，已可见之。古代有天下者之号，盖皆曰王，[1] 其下则有三等五等之爵。至秦楚之际，则称天下之共主为帝，而凡有国者皆称王。项籍尊楚怀王为义帝，所分封者皆称王是也。古代诸侯，本有长，至此诸侯皆称王，则为之长者，自宜称霸王。项籍自为之。此时之封建，盖较诸前世，规模莫大矣。[2]

---

❶ 今文经说，谓王者受命，存二代之后，与己并称三王：绌三王之前曰五帝。此因经说，非事实。然经说亦必有所依据。《尚书大传》述舜事曰："帝乃称王而入唐。"可见王为当时之称，帝为后世之号矣。

❷ 如地有大小、爵分三等或五等之类。

当时受封者有两种人：一六国之后，❶ 一灭秦有功之人也。❷ 然封建之实，既已不存，则虽勉强为之，亦终不能久。故封国虽多，卒之争霸中原者，刘、项二人而已。项灭刘兴，而所对诸国，亦如摧枯拉朽，忽焉以尽焉。是为封建第一次反动。

第二次反动，即继第一次而起。盖分割天下，各据一方之势，虽明知

---

❶ 西魏王豹，故魏王；韩王成；代王歇，故赵王；济北王安，齐王建孙；皆六国后。胶东王市，故齐王，亦齐王族。辽东王韩广，故燕王。虽非燕后，然当时燕后无自立者，广固亦自谓恢复燕国也。

❷ 西楚霸王项籍、汉王刘邦、常山王张耳，皆起兵叛秦者。河南王申阳，张耳嬖人。殷王司马卬，赵将。九江王英布，楚将。衡山王吴芮，秦鄱阳令，起兵从诸侯入关。临江王共敖，义帝柱国。燕王臧荼，燕将。齐王田都，齐将。雍王章邯、塞王司马欣、翟王董翳，则秦降将也。

其不可久，然众建亲戚，以为屏藩之梦，则犹未能醒也。汉初所王，异姓凡七，[1] 盖本出于不得已。故除长沙而外，皆不旋踵而亡。同侄[2]子弟王者九国，[3] 皆跨郡五六，连城数十，此则七国之乱之原也。天下事有一时之用，有恒久之用。恒久之用，如筑室然，必期若干年之安居。一时之用，则蘧卢一宿而已。其物本为刍狗，用已即可弃，不能以其为时之短，而讥其无用也。汉初封建即如此。欲如三代之封建，历千余载，以蕃卫王室，夫固有所不能。然谓其并

---

[1] 楚王韩信，梁王彭越，赵王张敖，韩王信，淮南王英布，燕王臧荼、卢绾，长沙王吴芮。

[2] “侄”，疑为“姓”。——编者注

[3] 齐王肥，淮南王长，燕王建，赵王如意，梁王恢，代王恒，淮阳王友，皆高帝子；楚王交，高帝弟；吴王濞，高帝兄子。

一时之效而无之，则亦过矣。试即汉初之情势，一陈论之。

汉高祖定天下，反侧之心，未尝消也。韩信、彭越，皆与高帝故等夷。虽曰“角力而臣之”，其能心服者，亦有限耳。高祖南征北讨，不恒厥居。有天下后，在长安之时甚少。是时代之而主大计者，果何人哉？萧何邪？无论高祖不能深任；即曰能之，而其人故刀笔吏，主簿书钱谷则可，参替大计，非所任也。张良邪？彼徒轻侠策士耳。坐而运筹则可，起而行，亦非所能也。然则高祖之所任，果何人哉？曰：吕后也。史称“后为人刚毅，佐高帝定天下。所诛大臣，多吕后力”。夫吕后刚毅或有之，究之一女子耳。功臣宿将，何畏之深？而韩信、彭越，束手就戳；[1]陈平、周勃当后世，亦戢戢不敢动哉。曰：此非一人之足畏，外戚之在当时，固自有其势力也。古代所任，首在同姓，次则外戚；人心习为固然，一矣。高祖之起，吕氏盖有力焉。建成，周吕，虽非信、越之伦，抑亦曹、滕之亚。樊哙尤项王所称壮士也，相与辅相之；此韩信、彭越，所以束手受戮，陈平、周勃，所以屏息不敢出气也。营陵谓“吕氏雅故，推毂高帝就天下”，信不诬矣。二也。有此二因，则高祖非任吕后一人，而

[1] “戳”，当为“戮”。——编者注

任吕氏一族也。当时可畏者，莫如功臣。高祖外封子弟，内任外戚，皆所以御功臣也。至高祖死，遂成吕氏一门内斗功臣、外斗宗室之局。吕后死而齐王起兵，则宗室之斗外戚也。使灌婴击齐，而灌婴与之连和；平、勃等遂乘机而起于内，则功臣之斗外戚也。两力合而外戚以亡。然当其未亡时，挟天子之尊，据建瓴之势，其力固雄，其名固顺。使产、禄谨守太后遗教，不轻弃军，则萧墙之祸不作。吴王濞弱岁冠军，白头举事，犹尚无成，况齐王儿子乎？其成败固未可知。然则外戚固足用也。夫以外戚之势，可畏如此，而吕雉终不能如武曌[1]之易唐而周，则以高祖子弟拥强国者之多也。功臣之深谋秘计，何所不至？然虽以私意距齐王，终不敢不迎文帝于代，其故亦由是也。宋昌劝文帝决入，曰：“高帝封王子弟，地犬牙相制，此所谓盘石之宗也。天下服其强。”可谓知言矣。然则众建亲戚，在后来虽致七国之乱，而当天下初定时，固未尝不收其效。欲如殷、周所封，历千余载，自全以为藩卫，夫固有所不能；而一时夹辅之效，固不能谓其无有也。故曰：事有永久之效，有一时之效。以其无永久之效，而并昧其一时之效焉，亦不察时势之谈也。

[1] “武曌”，当为“武曌”。——编者注

然封建在后世，毕竟为刍狗可弃之物，故其效虽著，其弊已彰，则吴楚七国之乱是也。七国之乱，或追咎文帝之养痈，或蔽罪晁错之操切，亦不衷情实之谈。以当时诸侯之形势，不反一次，其势固终不可止，所谓力之所蕴，不泄不毕也。七国乱后，乃摧抑诸侯，不得自治民补吏。武帝又用主父偃之议，今❶诸侯得以其邑分封子弟，而贾生“众建诸侯而少其力之策”行矣。汉代之封建，至是遂名存实亡。是为封建第二次反动。

封建制度既亡，王室遂莫为支

❶ “今”，当为“令”。——编者注

辅。王莽以外戚移汉祚，如反掌焉。光武定天下，首以息民为务。又是时人心虽思汉，而攀龙鳞、附凤翼者，皆异姓功臣，宗支固莫能自振。光武久在行间，苦用兵。群雄定后，虽郡国都尉，犹且罢之，况于立国以树敌乎？职是故，后汉鉴于前汉之亡，理宜祟❶宗支，而抑外戚，而事卒不然也。魏文帝与陈思王争为魏世子，积不相能。任城威王，亦其所忌。故篡汉后，所以摧抑诸王者甚至。当时诸王，名为分藩，实同禁锢。行动且不自由，求为匹夫而不可得。虽有封建之名，亦徒有其名而已。迨晋有天下，鉴于己所以得之者，实由魏之寡

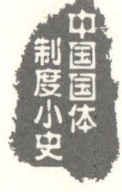

❶ “祟”，当为“崇”。——编者注

助，复思众建亲戚，以为屏藩，而封建之反动又起。晋室诸王，皆得置兵选吏。而入典机衡，出作岳牧，倚畀之重，视汉抑又过之。遂至酿成八王之乱。东渡而后，虽不复行封建。然迄于南朝，诸王往往出典大郡，或则兼督若干州军马。而斯时中央州郡之相猜，诸王遂承其敝而受其祸。如宋孝武、齐明帝之屠戮宗室，梁武帝被围台城，诸子曾莫顾恤，而争拥兵相屠，皆其祸之最甚者也。此实承封建之余敝也。是为封建之第三次反动。

至唐代而其制大异。唐制封爵之名虽异，语其实，则皆汉之关内侯也。马贵与曰："秦汉以来，所谓列侯者，非但食其邑入而已，可以臣吏民，可以布政令。若关内侯，则惟以虚名受廪禄而已。西都景武而后，始令诸侯王不得治民，汉置内史治之。自是以后，虽诸侯王，亦无君国子民之实，不过食其所封之邑入，况列侯乎？然所谓侯者，尚裂土以封之也。至东都，始有未与国邑，先赐美名之例，如灵寿王、征羌侯之类是也。至明帝时，有四姓小侯，乃樊氏、郭氏、阴氏、马氏诸外戚子弟，以少年获封者。又肃宗赐东平王苍列侯印十九枚，令王子五岁以上能趋拜者，皆令带之。此二者，皆是未有土地，先佩印，受俸廪。盖至此，则列侯有同于关内侯者矣。”按封建之制，分析之，其原素有二：爵以贵之，禄以富之；其权皆出于朝廷，与凡官吏同。君国子民，子孙世袭，则其为部落酋长时固有之权利也。至于封国而无土，则存朝廷富贵之之典，而去其固有之权。封建至此，遂名存实亡矣。唐制，分爵凡九：曰亲王，❶曰郡王，❷曰国公，曰郡、县开国公，曰侯，曰伯，曰子，曰男，皆无工；加实封者，乃以其租调与之。盖徒锡以荣名，并实禄亦不能尽给矣。“爵者，上之所擅，出于口而无穷。”❸禄固为物力所限也。封建之制如此，在君主之世，可谓有利而无弊，故后世率仍之。

---

❶ 皇兄弟，皇子。
❷ 以封太子之子。惟庶姓有大功者，亦得封之。
❸ 汉晁错语。

元代封建，规模可谓极大。太祖四子分地，几于包举亚洲之西、北、中三部，且跨有欧洲。然其地皆不在中国。中国境内，固未尝无诸王分地。即后妃、公主，亦各有食邑。然其赋不得私征，皆输之有司之府，视其当得之数而给之。故其祸尚不烈。明太祖定天下，封诸子三十九人，各设官属、傅相，置卫兵。虽不得干预政事，而体制颇崇，可称封建第四次反动。然封建至此，实已成强弩之未，[1] 故其影响初不大。靖难之变，实以成祖居北藩，兵力本强，与其为燕王无涉。至宸濠，则徒妄人耳。以宸濠之狂悖，遇武宗之荒淫，虽不假

❶ “未”，当为“末”。——编者注

之以宁王之名，彼亦未必不反也。故明太祖之封建，实属无大关系。至清初之封三藩，则本非其心之所欲。与其谓为藩封之背叛，尚不如谓为军人之跋扈，汉族遗臣之图恢复者耳。故封建之反动，实至第四次而终。

封建者，统一之反也。封建之制废，则统一之业成矣。然后世又有为统一之梗者，则叛民、叛将之割据是也。柳子厚谓秦有叛民而无叛吏，汉有叛国而无叛郡，唐有叛将而无叛州。盖郡县之设，既非世袭，不得私而[1]其土而有其民；而又不假之以兵，

---

[1] "而"，疑衍。——编者注

其势固无从叛。所可虑者，则天灾流行，政令失当，揭竿斩木，纷纷而起；或则多事之秋，武人跋扈，私其土地，传之子孙耳。大抵一郡之地，势不足以自立；欲割据者，必得一州之地而后可。故行两级制，则外轻而内重；行三级制，则外重而内轻。秦汉皆行两级制，至后汉末年，乃改刺史为州牧。于是以一人据有一州或数州，遂致纷纷割据，卒离为三国者数十年。晋之东渡，上流势重。荆、江二州，迄与扬州相持。至宋武帝出，雄才大略，尽划除同时之武人，而政令始出于一。方其未出于一时，始有王敦之叛，继有苏峻之乱，又有桓温之废立，终以桓玄之篡。即其貌若无事时，亦内外相猜，日以心斗。坐视北方之丧乱而不能乘，致失恢复中原之机会。盖分裂之祸，若斯其酷也。宋武帝虽暂划除武人，然统一之业不成，则外兵终不可废。故南北朝之世，内外仍不免相猜。每当中央纷乱之时，拥强兵于外者，必挺戈而起。两朝四代之革易，皆是物也。北方之终不可复，非拓跋氏之强，实南方之权力，不出于一，而终不竞也。唐初行府兵之制，兵不屯聚，将不擅兵，故令行万里，莫之能梗。至藩镇之兵起，而天下分裂矣。卒至离为五代十国，亦数十年而后定。其事人人所知，无待深论。北宋之世，兵权亦集中央。迨南渡初，藉诸将之兵以御敌，而韩、岳、张、刘，遂骄恣不听命令，“及其或杀或废，惕息俟命，而后江左得以少安”。[1] 此皆柳氏所谓叛将也。秦末之揭竿斩木，莽末之新市、平林，后汉末之黄巾，隋末之群雄，唐末之黄巢，南北宋间之群盗，元末纷起之汉族，明末之流寇，清代之发、捻，皆柳氏所谓叛民者也。其事或成或不成，成则或为帝，如汉高祖、明太祖是也，[2] 次乃割据一方，绵历若干年。否则不旋踵而败。大凡叛民之扰乱，不如叛将割据之久长，以其根柢固不如叛将之深厚也。此外又有异族侵入中国，割据其地者，如五胡、西夏、辽、金、元、清，皆

---

[1] 叶适语。

[2] 此以其成者言，其叛而败亡或降敌者，尚不可偻指数。

是。[1] 此非吾国之自行分裂，当别论。

论一国之国体，当主其常不主其变，犹之论人之生理者，当主其平时，不当主其病时也。以变态论，自秦以后，分裂之时，亦不为少。然以常理论，则自秦以后，确当谓之统一之国，以分裂之时，国民无不望其统一；而凡分裂之时，必直[2]变乱之际，至统一则安定也。

然则我国之为统一国，固二千余

---

❶ 指周边少数民族对中原地区的攻略，受当时民族观影响，今看来则非允当。——编者注

❷ “直”，今作“值”。——编者注

年于兹矣。❶其稍为统一之累者，则为境内异族之未尽同化。此等异族，我国往往因其来服，即其地立郡县之名，而以其官授其酋长。外观与汉官无异，实则仍保其君国子民之旧。如唐之羁縻州，及元、明、清三代之土官、土司是也。其中管理严密者，承袭须待朝命，政令或受监督；征讨之际，亦听征调。有不顺命或背叛者，则发兵夷之。又或因其政治之虐乱，继嗣之纷争，种落之猜携，邻敌之攻击，辄废其人而代以汉官。此等可谓自部落变为封建，自封建变为郡县。其为力所不及者，则一再传后，辄又废绝，无可稽考。譬诸古代要荒之

❶ 秦始皇二十六年，灭齐，统一天下，当民国纪元前二千一百三十二年。

国，贡会无常，此则仍止可谓之部落耳，并不足语于封建也。大抵今日我国内地，纯然自为风气之部落，已可云无有。西南土官，改流将尽，存者不久亦必列为郡县矣。惟蒙、藏、青海，清代所行，亦只可云封建之制。所以搏结之者，初不甚密。(略)